特定非営利活動法人　共同保存図書館・多摩
第14回多摩デポ講座（2012・8・5）より

電子書籍の特性と図書館

堀越　洋一郎

目次

はじめに

ご紹介をいただきました、堀越洋一郎です。

現在は武蔵野美術大学の通信教育課程で非常勤講師をしておりますが、二〇一一年三月までは専任教員でした。出身大学では、工学部の通信工学科でコンピュータとかデータベース関係の勉強をし、また在学中に司書課程を受講し司書資格も持っております。図書館での実務経験のない私が、図書館関係の皆さんの前で話をさせていただくとは思いもよりませんでしたし、その点では個人的には感慨深いものがあります。

一九八〇（昭和五五）年に大学を卒業した後は、データベースの製作や書誌索引の出版をしている日外アソシエーツに入社しました。そこでは書誌索引などのデータ処理をする仕事を主にしていましたが、その後、国立西洋美術館で非常勤の職員として、美術作品のデータベースを作る仕事や館内の情報化などの仕事に従事し、二〇〇〇（平成一二）年に武蔵野美術大学の非常勤講師となり、その後専任、そして現在に至っております。

先ほどのご紹介で、美術情報処理のスペシャリストというような話がございました。その周りにいる人から言わせればスペシャリストでも何でもないと言われると思いますが、今日は皆さんのお役に立てる話を少しでもできればと思っております。個人的にはモノが捨てられないタチで、なんでも手当たり次第、特に「紙モノ」を手元に置きたい、置かないと安心できないという性格です。データベースの仕事をやってきた者が、デジタル化ではなくモノそのものをため込むというのはいささかピントが外れている気もしますし、「捨てられない」という人間がこういうお話をするというのはどうかと思いますが、進めさせていただきたいと思います。

まず電子書籍の実例をいくつかご覧いただき、その後に電子書籍が良い悪いの是非は別として、こういう課題があるのではないかと私が考えることを提示し、皆さんからもご意見をいただければと思っています。また、私が思っている印刷した書籍が持つアドバンテージというものなどについても、触れられればいいと思っております。

日本における電子出版の発生と現在まで

日本で電子書籍という場合、一九八〇年代くらいからですね。電子出版という呼び方や、書籍のデジタル化がこれから進んでいく、というようなことを皆さんはお聞きになったのではないかと思います。いったいそれがどういうものなのかということが、なかなか実態として利用者の前に現れないという実情がありました。本日は公共図書館にお勤めの方が多いとお聞きしていますが、コンピュータを使って本が編集、製作される過程は何となく感じておられても、図書館の現場からすると、何が変わったのか、というような疑問もあるかと思います。

私が勤めていた日外アソシエーツでは、電子出版というものに早い段階から取り組んでおりました。初期の段階では書誌の編集にコンピュータ（いわゆる汎用機と呼ばれた大型コンピュータ）を利用したデータ処理を行っていました。CDが登場した後ではCD-ROMという形で、紙の媒体に印刷をするのではなくデジタルデータとして出版（という言葉が、いいのかどうか分かりませんけれど）・販売し、それをパーソナルコンピュータ（パソコン）で利用していただくという形をとっていた時期であります。主には辞書や書誌類でした。

さて、ここに持ってきましたのは、「季刊　本とコンピュータ」という雑誌です。一九九七（平成九）年の夏に第一号が出ました。トランスアートという大日本印刷系の出版社から出ていたものです。ＩＳＢＮ（国際標準図書番号）がついていますので、流通上は書籍扱いになっていました。「百科事典が動いた！」「コンピュータで本が読めるか？」というような特集が組まれています。この時代は、今のようなタブレットやスマートフォンなどのような機器はなくて、パソコンのディスプレイも未だＣＲＴ（Cathode Ray Tube：ブラウン管）の大きいものでしたので、ポータビリティーがない時代でした。その頃には「コンピュータで本が読めるか？」というようなテーマが議論されていたことがありました。もう一冊持ってきたのが、二〇〇一（平成一三）年春に出た「特集 電子出版をバカにするなかれ」という、第一期の終刊号です。第一期四年あまり「本とコンピュータ」というテーマで雑誌が刊行され、人々の関心は続いていたのだと思いますけれど、今言われる電子書籍というようなものは、まだ目にはなかなか見えない時代であったのではないかと思います。今日は持ってきていませんが、第二期も出ています。

季刊　本とコンピュータ

第一期一九九七年夏〜二〇〇一年春号まで一六冊。第二期二〇〇一年秋〜二〇〇五年夏号まで一六冊。通称「本コ」。他に別冊や叢書などを発行。同時にこの雑誌を軸に、「本とコンピュータ」プロジェクトとして、ウェブ版やオンデマンド出版、国際出版など多様な出版活動が展開された。編集長（のちに総合編集長）を務めた津野海太郎は、創刊号巻末で、本の世界がデジタル化の影響をこれまで以上に強く受ける時代に（活字本と印刷と電子本、その三者の）対話と相互教育の道具にしたい、紙の雑誌でそれをしたい、と斬新な野心を述べた。

先ほど、私が美術大学にいたという話をしました。周りのグラフィックデザイナーやタイポグラフィーに関わっている人たちが、いわゆるＤＴＰ（Desktop Publishing）と呼ばれる、デジタルデータをパソコン上でレイアウトしたり、出版に関わる現場を見聞きしておりました。そのＤＴＰでの初期の成果を、一九八九（平成元）年に戸田ツトムというグラフィックデザイナーが、パソコンとレイアウト・ソフトウェアを使って『森の書物―ＤＴＰ最前線、書物…新世紀へ。』（発行：Gegraf　発売：河出書房新社）という書籍で世に問うています。

二〇〇〇年代に入り、現在では紙に印刷される書籍であっても、パソコンを使ってデジタル化された状態で編集作業が行われていることがほとんどである、と言えるのではないでしょうか。意識せずともデジタルデータで本を編集する前提ができているので、素地としては、電子書籍をわざわざ作るというより、ある過程でのアウトプットをどうするのかという状態になってきています。

最近では奥付に、ＤＴＰ制作（組版）の担当者名が記載されるようにもなってきていいます。この辺りのことは何となく皆さんもご承知かと思います。

電子書籍の実例——三つのタイプ

パッケージ型

電子書籍には三種類、パッケージ（package）型、ダウンロード（download）型、ストリーミング（streaming）型という三つのタイプがあるのではないかと考えます。

最初にあげるパッケージ型というのは、ＣＤ-ＲＯＭやＤＶＤ-ＲＯＭのような形で、大量のデータをコンパクトで持ち運びできるメディアに記録してやり取りをする、というものです。デジタル化には、書誌や索引のような、従来の印刷物で作るとすれば何巻もの非常に大部になるものをコンパクト化できるというメリットと共に、索引に依らなくともいろいろな項目を検索できるようになるメリットがあります。そうした面で進んでいたと思います。しかし今では、パッケージという、いわゆる形のあるモノとして売ることは段々少なくなってきています。皆さんも昔はソフトウェアをお買いになる場合、非常に厚い冊子のマニュアルや解説が付いていて、フロッピーディスクというメディアにファイルが記録され、それらが箱に入って何万円という値段のものを買っていたと思いますが、現在はもうオンラインで、ネットワークを通じてダウンロードして買うという時代になっています。今は、何に対価を払っているのかということが見えにくくなっていると思います。

ここにご覧いただくのは、「**多摩デポ**」の顧問をされている津野海太郎さんが、かつて晶文社からお出しになっていた『小さなメディアの必要』という本を、デジタル化しフロッピーディスクに記録して販売していたものです。うたい文句として「復刻電子本」と書いてあります。中身はテキスト、いわゆる文章ですけれど、**ボイジャー**という会社から、刊行というか発売されまして、T-Timeというソフトウェアで閲覧するという、今時の言葉で言うとビューアといいますか、読むためのソフトとセットで買うことができたものです。

多摩デポ

この講座の主催団体。共同保存図書館システムの実現を目指すＮＰＯ。法人発足は二〇〇八年。ホームページでは、以下のように自己紹介している。

私たちは、公立図書館が処分する本の中から、多摩地域で一冊だけは残して保存し、地域の図書館を通じて提供する仕組みづくりをすすめています。

年間七万点をこえる新刊書が国内で出版され、利用者の図書館への期待も多様化しています。図書館では魅力ある棚づくりをするために古い本を書庫にいれ、持ちきれない本は処分しています。多摩地域の市町村立図書館全体では二〇〇四年度には新たに約八〇万冊の本を受け入れ、約六二万冊の本を処分しました。個々の図書館の力だけでは、この、日々消えていく本の流れを止めることはできません。わたしたちは、必要な本を共同で保存し、みんなで利用する図書館を設立、運営します。

ボイジャー

一九九二年に萩野正昭により創業された電子書籍関連企業。電子書籍フォーマット「ドットブック（.book）」、ビューア「ティータイム（T-Time）」、電子本作成ソフト「エキスパンドブック・ツールキット」など独自な製品と立場から、日本の電子書籍事業と文化の黎明期を拓いてきた。ボイジャーの行ってきたことは、萩野の自著『電子書籍奮戦記』（新潮社、二〇一〇年一一月刊）に詳しい。

Ｍａｃ、Ｗｉｎ対応、つまりマッキントッシュ（Ｍａｃ）、ウィンドウズ（Ｗｉｎ）というＯＳ対応で定価は六〇〇〇円、本よりは安かったと思います。実は、これには本の奥付にあたる事柄がフロッピー自体には書いてないのですが、発行は九〇年代半ばだったかと思います（注：フロッピー内の奥付データでは、一九九七（平成九）年九月四日発行）。その後に再版もされています。

今では皆さんがお使いのパソコンは、職場のパソコンもそうかも知れませんけれど、フロッピーディスクを読むための装置（ドライブ）がないものがあると思います。アップル社の出しているＭａｃにはもう一〇年以上前からフロッピーディスクドライブは本体にはありませんし、ウィンドウズのものでも、最近のウルトラブックなどと呼ばれているものには付いていません。この辺のメディアとドライブの話は、また後でさせていただきます。

ダウンロード型

電子書籍の実例として、次にダウンロード型を見ていただきます。これは、インターネットなどを通じて受信したコンテンツを取り込んで保存し、使う時に再生する方法です。

今日は、アップル社のiPad 2というタブレット端末と、同じくiPhone 4Sというスマートフォンの二種類を持参しました。

今日は持ってきていませんが、最近では、カナダ製のハードウェアを使った「kobo《コボ》」という機器を楽天が販売しています。電子インクという呼び名のディスプレイを使った電子書籍の再生専用機器です。「kobo」はページを変える時、一度真っ暗になります。そうして新しいページが表示されるという形で、本をめくる感覚ですね。慣れないとちょっと違和感はありますが、非常に省電力であるし、価格も安い、眼にも負担が軽いと言われています。

ダウンロード型の電子書籍の実例として、まずiPhoneの画面で少し見ていただきます。

これは、奥田英朗さんが書かれた『空中ブランコ』という小説集を電子書籍化したものです。ダウンロード型にも中身をダウンロードしてそれを専用のビューアで見る形式があり、実際この『空中ブランコ』も、買う方からするとアプリケーション、いわゆるアプリと呼ばれているものを買うという形で本を一冊買うことになります。発行は文藝春秋です。

最初の扉の次に「この電子書籍は縦書きでレイアウトされています。読む際のご注意・おことわりについてはこちらをお読みください」と書いてあります。

ここにご覧いただくのは設定画面です。縦書き・横書きの変更、ルビを表示するとか、フォントやサイズを変えるとか、いろいろ設定があります。値段は税込で三六八円でした。

次に見ていただくのもアプリ型ですけれど、書籍としては光文社新書から出ている内田《うちだ》樹《たつる》さんの『街場のメディア論』です。これは、先ほどの『小さなメディアの必要』と同じT-Timeというビューアで見る形になっています。操作は同じようなものですが、栞をつける機能もあります。これも六〇〇円（発売：ボイジャー）で、新書（七七七円）より安価です。

次に、基本的には同じなのですけれど、iPad版を見ていただこうと思います。

電子書籍をどうやって入手するかというと、アップル社のiPadやiPhoneで利用する場合はiTunes Storeというサイトから購入することになっていますが、ここでは、紀伊國屋書店が提供している「Kinoppy《キノッピー》」というアプリを通じてサイトから購入します。

画面は、本棚を模したユーザインターフェイスになっていまして、右側は紀伊國屋書店のＰＲ誌のうちの一冊です。このＰＲ誌「scripta」は、この「Kinoppy」というアプリを無料でダウンロードすると、本棚に最初から置かれています。

これは、内堀弘さんという方がお書きになった「予感の本棚―戦前の紀伊國屋書店」という文章ですが、画面の表紙の部分をタッチして展開します。先ほどiPhoneで見ていただいたものとディスプレイの大きさが違うので、基本的にこういう形で表示されます。一行あたりの文字数も違いますし、行数も違います。画面上で左右に指を動かすと、これはページをめくっている感覚を表しているということです。ただ、その操作性にあんまりこだわってもどうかという意見もあります。

また本棚に戻します。本棚の左側に表示されているのは、有川浩《ありかわひろ》さんの『図書館戦争』です。楽天の「kobo」やソニーが出している「Reader」は、先ほど申し上げたように電子ペーパーというか、電子インクをディスプレイに使用してモノクロですけれど、こちら（iPadやiPhone）はカラー表示になっています。下の方に栞のアイコンが出て、ここをスクロールするか上に動かすことによって、ページを指定して読むこともできますし、他の機器、ソフトウェアと同様に、栞をつける機能もあります。

画面上のフォント（書体）の選択とか文字の大きさを変えるとか、固定したレイアウトではなくビューア側の設定を変更することによって、読む側（読者）が環境を変えて読むことができるという形になっています。

実は何も変更していないようですけれども、この『図書館戦争』は、このタブレット端末上にデータがあるのではなくて、ここにあるWi-Fiルータ（無線通信機器）を通じて、端末アプリから紀伊國屋書店のサイト（サーバー）に接続して、そこにあるファイルを読みにいく形になっています。なので、実際このWi-Fiルータを切って見ようとするとこのように本棚には、「scripta」はあるが『図書館戦争』はない、という状態になります。今まではWi-Fiルータを通じてネットワークにずっと繋いでいるという状態で、見ていただいていました。このようなストリーミング型については、後程お話しします。

さて、紀伊國屋書店の「Kinoppy」というアプリケーションの次は、今度は「i文庫HD」というアプリで見てみます。これは、個人の方が、ＰＤＦ（Portable Document Format）というファイル形式で作られてインターネット上で公開している文書をビューアで見ているというものです。横書きのスクロールは左側からが原則なので、縦書きではページのめくりが反対だというようなことがありますが、ビューアの設定でそれは変えられます。インターフェイスとしては、紀伊國屋書店の「Kinoppy」と同じように、表紙が並んで本棚に配架されているイメージで表示され、そこから選択する形になっています。

ここで表示している『中華料理の作方百六十種』（山田政平著）は、国分寺市の九ポ堂二代目酒井道夫さんが再編集されたもので、元は一九八四（昭和五九）年に復刻された本の文字データをデジタル入力し、ＰＤＦ形式で作成、保存したものです（http://www.kyupodo.com/kyupodo/digital_book.html）。

次に、お聞きになったことがあると思いますが、いわゆる「自炊」という、自分の持っている書籍をコピーするようにスキャナーで読み込んでデジタル化することと同様の例を、お見せしたいと思います。

これは、政田岑生《まさだきしお》さんという方の『政田岑生詩集』（書肆季節社　一九九五）の巻末にある年譜です。文字はデジタルデータとして入力しているのではなく、書籍（印刷物）をスキャナーでページ毎に画像として読み込んでいます。なので拡大をしていくと文字がぼけるというか、ジャギーが出るようになります。元々デジタル化されているものですと、文字を拡大してもこのようにぼけるということは発生しにくいのですが、これは画像の解像度によって、拡大すると画質が落ちるということです。一番の違いは、画像として読み込んでいるので、ある文字を探すとかある言葉を探すという、「検索」ができません。ただ、読むということからすると問題はなく、こういう形で読むことができるというものです（ＯＣＲ〈光学的文字読取〉ソフトウェアを使って画像の文字部分をデジタルのテキストデータとして一緒に読み込んで、検索できるようにするということはありますが)。

また、自分でPDF形式にしなくても、ネットワーク上にいろいろPDFファイルがありますので、読みたい場合は、先ほど紹介したようなアプリやAdobe ReaderというPDFを読むソフトとか、iBooksなどの電子書籍アプリを使えば、いろいろなファイル形式のものでも読むことはできます。

さて、今、見ていただいたのは、普通の書籍をデジタル化したものですが、今度は、永原《ながはら》康史《やすひと》さんがお作りになった「季刊de」をご紹介します。季刊といってもまだ準備号しか出ていないのですが。これは電子書籍の実験として作られたもので、このようにレイヤー、つまり層になっています。テキストだけではなく図版と文書が複数のレイヤーになっていて、図版を動かすなど、普通の書籍とは異なる表示ができる例としてお見せしたいと思います。図版を重ねることの効果、図版を取り除くことの効果を実験しているものだと思います。これは試験版でしたので無料です(iTunes Storeで入手可)。

また、皆さん「**青空文庫**」という活動を聞いたことがあると思います。著作権が切れた文学作品、著者が許諾した作品などをボランティアでデジタルデータ化してウェブ上で公開し

ています。先ほどの『小さなメディアの必要』も「青空文庫」でも公開されています
(http://www.aozora.gr.jp/)。

青空文庫

インターネットを利用した無料の電子図書館。著者の没後五〇年を経て著作権の切れた作品と、著作権者が「青空文庫で公開して構わない」とした作品を電子化し、テキストファイル、HTMLファイル、エキスパンドブックの三種類の形式でインターネット上で提供。作品の入力や校正作業に当たるのは「青空工作員」と呼ばれる大勢のボランティア。一九九七年から続いており、二〇一三年九月現在、収録作品数は一万三〇〇〇余タイトル。そのホームページには蔵書目録ばかりでなく、事業の仕組み、考え方や工作員マニュアル、入力作業中の作家・作品一覧などが公開されている。同年八月一六日、呼びかけ人で、「著作権保護期間延長問題」に反対を訴え続けた富田倫生が死去。翌日には青空文庫では旧著『本の未来』(アスキー　一九九七)が公開された。

ストリーミング型

では、ストリーミング型の例を見ていただきます。ストリーミング型というのは、インターネットなどのオンラインで受信しながら再生を行う、という方法です。

これは、「Fan+《ファンプラス》」といって、会員制の有料電子書籍サイトです。ネットワークを通じ専用のビューアを使って、ウェブブラウザ（今回はFirefox）上で、見ることができるものです。下にクレジットが出ていますが、ＮＴＴプライム・スクウェアという会社が運営しています。

表示する内容から私の趣味が分かってしまいますが、ネコ・パブリッシングがコンテンツを提供している、鉄道雑誌「Rail Magazine」電子増刊の「RM EX」です。初期の号には、フォントがあまり美しくない、レイアウトもあまりよくないといった問題もありますが、いわゆるマルチメディアコンテンツです。写真、静止画だけでなく、動画も含んだコンテンツになっています。これが印刷物ではできない特徴です。

この「Fan+」も、ネットワークを通じてログインしてそのサイトに見に行く、という形になっています。私の買ったコンテンツはこのマイボックスに表示されます。支払いはクレジット決済ですが、ＮＴＴ系ということもあるかも知れませんが、携帯電話ドコモの請求に載せて支払うようになっています。この一コンテンツあたりで五二五円です。コンテンツによって無料だったり、もっと高かったりします。

　画面上に表示されている倉庫と呼ばれる場所にコンテンツをしまうことができ、見る時に倉庫から出します。コンテンツがたくさんあると画面上で見づらいことと、一時保管場所のデータ量は少なくした方がいいことから、読んだコンテンツは倉庫にしまい見たい時に出す、そういうイメージになっているのではないかと思います。

　買ったコンテンツの改訂版が出た場合は、メールでお知らせが来ます。それを読むと確かに変わっているのですが、版（エディション）の問題は、電子書籍にも付きまとうというか、電子書籍の方が問題が大きいのではないかと思います。これは後でもお話しします。

　電子書籍の実例として、いくつかの機器とアプリ、コンテンツをお見せしました。

（講演後の二〇一三年六月二八日付けで「Fan+」から講演者にメールが届き、一一月三〇日をもってすべてのサービスを終了する旨が通知されました。「一旦購入したコンテンツを将来にわたって視聴できるものと期待されていたお客様に対し、大変ご迷惑をおかけして申し訳ございませんが、何卒ご理解を賜りますようにお願い申し上げます。つきましては、ファンプラス会員の皆様へ、これまでにコンテンツをご購入いただいた金額を払戻しいたしますので、以下に所定のお手続きをご案内いたします。」と記載されていました。また、ネットワーク環境が使用できない場合でもコンテンツをオフライン機能で閲覧できるように用意された「ファンプラスアプリ」を使ってコンテンツのダウンロードが可能なので、サービス終了以降もそれにより視聴可能、とも書かれていました)

電子書籍の特性と課題

次に、私なりに考えている、電子書籍の特性と課題をお話しします。

ハードウェア

長く図書館の現場で働いている方は、これと同じようなことが昔もあったなぁ、と思い出されると思いますが、昔ＶＨＳのビデオテープとかレーザーディスク（ＬＤ）などの新しいメディアが生まれて、図書館でも購入しました。それが最近はＤＶＤやブルーレイ（ＢＤ）になって、ハードウェアが旧態化してしまう、故障しても既に部品がなくて修理ができないなどの問題があると思います。

それと同じような問題が、電子書籍にももちろんあるのではないかと思っています。今日お見せするカタログは、電子書籍の読書機器の一つでソニーの「Reader」のものです。ソニーはこれ以前にも読書専用の端末を出していました。シャープも出していましたし、つい最近でも東芝がカラー版のものを出しました。そして今は、先ほど紹介した「kobo」とか、アメリカのAmazonの「Kindle《キンドル》」とか、そういう読書機器が出ていますが、ハードウェアはいつまで安定的に供給されるのかどうかという問題があると思います。パーソナルコンピュータやタブレットやスマートフォンの耐用年数というものもあると思います。

ソフトウェア

もちろんハードウェアだけではなくソフトウェアも問題です。ハードウェアを動かすためのOS（基本ソフト）が変わってしまうとか、先ほど、読むためのビューアというソフトの話をしましたが、ビューアが今後どうなっていくのか、ということがあります。ウィンドウズは今度「8」が出ますが、じゃあ、うちの図書館にある「XP」でこのコンテンツは見られるのだろうかとか、「7」ではどうか、それを誰が保証するのか、という問題があります。

本が何でも一番いいということではありませんが、本はそのものが手に入り、いつまでも使えます。それを後まで使い続けるか保存するかというのは、図書館側の裁量だと思います。しかしあるシステムに依存したコンテンツを買うとか使える権利だけを買うということになると、後々まで再現して使えるのか、それをどこが保証してくれるのか、という問題がつきまとうのではないかと思います。

媒体：メディア

先日ある図書館の書庫を見学させてもらったのですが、レーザーディスク（ＬＤ）がたくさんありました。レーザーディスクは、最近はもうハードウェアが生産中止になっていて、故障するとメーカーでも修理できません。ただ一部には、レーザーディスクの音声はデジタルデータでなく圧縮されていないので音質がいいという声があったり、レーザーディスクバージョンには他で収録されていないコンテンツがあったりします。では、書籍で電子書籍版しかなかった場合、それが何らかの影響で再現できなくなった場合はどうなるのか、永久にもうないものになってしまうのかという問題があります。必ずしもデジタル化されたら何でも解決するわけではないことを、ここ何年間の動きを見ただけでも感じています。

音楽用のCDは、最初に発売されたのが一九八二年ですから、もう三〇年になります。CDがなくなることはここ何年の間ではないのかもしれませんが、最近ではアルバムをCDで購入することは減り、オンラインのストアから曲単位で購入する割合が増えています。SP盤がいわゆるLPレコードなどになりCDになったというメディアの変遷を考えると、今後メディア自体がなくなって、外部のクラウドにコンテンツは全部ある状態が来るのかどうか。そしてそういう状態となった時、誰がその内容がいつまでも存在することを保証してくれるのかという問題は、特に図書館のように継続的なサービス事業をする側にとっては、考えておく必要があるのではないでしょうか。

ネットワーク環境

先ほど見ていただいたようなストリーミング型ですと、必ずネットワーク環境が必要になります。これから、どんどん高速で大容量化したデータをやりとりする環境が廉価で提供されるようになるのかも知れませんが、公共図書館などがそのネットワーク環境への対価を払うことが予算の仕組み的にスムーズなのかどうか。図書館内に専用のビューアを置いたりタブレットを専用機にして、ネットワークの負荷がかかってきた場合、それをどうやって処置するのか。ネットワーク環境が変わった場合に誰がそれをサポートするのか、などの問題が出てくるのではないかと思います。

ストレージ

これはファイル形式の課題と連動している話なのですが、ストレージ（storage：記憶装置）、データ保存の問題があると思います。先ほど、フロッピーディスクを読もうとすればフロッピーディスクドライブが必要であり、それを動かすハードウェアやサポートするソフトウェアが必要であるという話をしました。それと同じようなことがデータ保存の問題にはあります。例えばタブレット上やパソコン上にデータを保存できたとして、それが陳腐化というか旧態化してしまう、故障しても取り出せなくなる、読めなくなるという問題です。

最近懸念されているのは**クラウド**（cloud）です。クラウドというのは、どこか外部にそのデータが保存されているということで、雲の上、雲の向こう側みたいなイメージです。利用者側はそのクラウド側が何をしているかということは意識しなくていいと言われています。それが売り文句なので、利用できればいいということなのですが、では、クラウドが果たしていろいろなことをいつまでも保証してくれるかどうかという課題もあると考えます。

クラウド

原義は「雲」、cloud computingの略。ネットワーク、特にインターネットをベースとしたコンピュータ資源の利用形態。ユーザーは、コンピュータによる処理やデータ格納をネットワーク経由で、サービスとして利用する。

ファイル形式

先ほど見ていただいたように、いろいろなコンテンツはそれぞれのファイル形式で保存されています。どういう形式でコンテンツが保存されているかが、閲覧するためのソフトウェアに関係してきます。

電子上の文書フォーマットとして有名なPDFは、Adobe《アドビ》という会社が開発した、Portable Document Formatです。大変一般的に使われていますが、これも実はいつまでサポートされるかは分かりません。最近は電子書籍フォーマットの一つ、EPUB 3.0が公開されて、日本語表記の縦書きやルビ、傍点が表示できるようになりました。しかし、国立国会図書館が発行する情報誌「カレントアウェアネス-E」No.218（2012.7.12）（http://current.ndl.go.jp/e1312）に、オランダの王立図書館が報告書を出して、EPUB 3.0が長期的な保存形式としてどうなのかを検証した方がいい、と分析している話が出ていました。参考までにご紹介しておきます。

今日は最初に、本の製作現場では既にデジタルで、いわゆるＤＴＰといって、コンピュータで編集作業していると話しました。そういう編集現場にいるデザイナーなどからよく聞く話としては、InDesignとかIllustratorなどという編集ソフトウェアのバージョンの問題があります。ソフトウェアは時代の変遷によって機能が拡張していきます。例えば二千何年にはバージョンのいくつで作った、その電子データを保存しておいてそれを元にして改訂版を作りたい、といった時に、今のソフトウェア、新しいバージョンでそのファイルが意図通りに正しく開けるかという問題が出ています。今の進んだソフトウェアで昔のものがちゃんと見られるかというと、そうではなかったりします。ソフトがバージョンアップするたびに、常にファイルを新しい形式に移して保存していくやり方もあるかも知れません。デジタルデータで保存してあるからといって、何年か先になって作った時の意図通りの内容を再現できるかどうかという問題は、簡単ではないのです。

先ほどの紀伊國屋書店の「kinoppy」では、シャープが提唱している「XMDF」というファイル形式を採用していたと思いますが、権利関係の処理の面に対応するため、勝手に複製できないようにする機能が含まれています。もちろんそれはソフトウェアとしての機能です。その権利に対する対価の配分も考慮し支払わなければならないといった、出版社側と著者などの権利側の、いわば著作権料の契約など複雑な金銭面での処理が出てきます。ただ単に内容をデジタル化できればいい、というかデジタルデータを印刷している現状ではデジタル化のハードルは高くないと思いますが、そのデジタル化イコール電子書籍の完成というわけではないのです。

文字コードも問題です。最近は多くの言語を同じ文書で使うために、コード体系「Unicode」が国際的に用いられています。その前はシフトＪＩＳが使われていました。画像については、静止画でいえばデジタルカメラなどで採用しているＪＰＥＧ（Joint Photographic Experts Groupが制定した保存形式で、オリジナルに対して不可逆圧縮されている）という保存形式が使われています。が、果たしてＪＰＥＧがいつまでサポートされるのか分かりませんし、動画に至っては複数の保存形式があります。音声もそうですし、動画と音声を一緒に、という形になると、その組み合わせは多様です。いつまで一般的に使われているか、再現性は大丈夫か、そういうことが課題としてあるのではないかと思います。

フォント

フォント（書体）の継続性や再現性にも問題があると思っています。お見せした紀伊國屋書店の「Kinoppy」をダウンロードした時、「游ミン」という、字游工房《じゆうこうぼう》が作ったフォントを選んで見ることができます。また先ほども、モリサワの「リュウミン」というフォントを指定して見ているビューアがありました。例えば、ここで見ていただいている書体は明朝体系の文字を使って表示しています。電子書籍では、自分で読みたいフォントを選んで読める、という機能が搭載されている場合がほとんどでしょう。では何年か先に、そのフォントがそのままサポートされているのかどうかという問題も稀だとは思いますが、あるのではないでしょうか。

販売／課金／期限

先ほどからお見せしてきたものは、私が個人的に買っているわけなので私のアカウントで見る限りは問題ありませんが、図書館の場合はどうなるのでしょうか。

これまで図書館が蔵書にして提供しているビデオやDVDなどの、いわゆる視聴覚資料は、個人が普通に買う価格ではなく、大勢の利用者に提供することをソフトメーカーが承認した図書館価格、定価の何倍もの価格で買っていると聞いています。図書館に勤めていないので詳しい仕組みは分かりませんが、それと同じようなことが当然、電子書籍にも現れてくるのではないでしょうか。

また、貸出の仕組みでは、貸出して何日間だけは見ることができる、というような「期限」の問題がでてくるでしょう。デジタルなのでデータのコピーは技術的には容易かもしれない、だからこそ、違法なコピーへのガードをどうするのかという問題もあるでしょう。

版

先ほど「Fan+」の紹介のところで、買ったコンテンツが改訂された場合、改訂された通知がメールで来ると言いました。訂正や誤植を直すこと自体は印刷物に比べてずっと簡単ですし、特にストリーミング型の場合は印刷物と違って再配布も容易ですが、コンテンツには変わった痕跡（どう変えたか、削除したか、追加したかなど）が正誤表のように残らないのか、という問題があります。

エディションの表示記録が奥付のようにされるのかどうかは分かりませんが、常に、いわゆる最新版しか見られないということが起きるのではないか、ということがあります。それが良いか悪いかは別として、簡単に「変わりうる」ということを、どうとらえるかの問題があるのではないかと思っています（アップル社のiBookstoreでは、「旧版は、いつでも新版にアップデート」とウェブサイト上でうたっている）。

リフロー

先ほど見ていただいた『空中ブランコ』とか『街場のメディア論』の例で、文章（文字情報）を読む時、使う側で文字を拡大・縮小できるというお話をしました。拡大すれば一画面に収められる文字数も動いていくわけで、基本的にページという概念もありません。こういうのをリフロー（reflow：再流動）という言い方をします。紙に印刷された本の場合はフィックス（fix：固定）されたレイアウトで提供されているわけですが、電子書籍の場合は、利用者の好みとか視力その他の視覚的なユーザビリティーを補助するためとか、いろいろな理由でリフローして読むことができるわけです。リフローにはいろいろなメリットがありますが、では、それが常に良いのかどうかは悩ましい点でしょう。

特に日本の書籍は、レイアウトに非常に意を尽くすというか、レイアウトで表現をするということがあります。技術的に可能といっても、リフローが常に馴染むものかどうか。レイアウト固定の、レイアウトを守ったままのデジタル化をどう考えるか、という問題もあるのではないかと思います。

デジタル化と権利関係

デジタル化する場合の権利関係も難しい問題です。出版社がデジタル化権を持っているといえるのかどうか。もう十年以上前の私の体験ですが、編集に関わっていた出版物（文学全集）がデジタルでデータを管理していました。データは実際には印刷会社が作っていたので、印刷会社にデジタルデータがありました。その時に印刷会社はデータを出版社に渡すのか渡さないのかという問題がありました。デジタルデータは作成した印刷所にある。索引を作りたいのでデータを譲ってもらえないかと話をしたのですが、契約の関係からかデジタルデータをコピーしてもらえませんでした。私は編集に関わっただけですし、権利関係は契約の話ですから一概には言えません。デジタル化権は誰のものなのか、何もかも著者が権利を持っているのか、出版社が権利を持っているのか、デジタルデータの所有権や再使用はどうなるのか、というような問題があるのではないかと思います。

著者の話でいえば、作家の京極夏彦はデジタル化に非常に積極的で、『ルー＝ガルー2 インクブス×スクブス 相容れぬ夢魔』という作品は、単行本とノベルスと文庫と電子書籍の四つのバージョンで同時に発売しています。

『ルー＝ガルー2 インクブス×スクブス 相容れぬ夢魔』講談社

単行本版		三三六〇円
ノベルス		一四七〇円
文庫版	上下巻	各七三五円
電子書籍	二分冊	各七〇〇円

（すべて税込価格）

もちろん出版社との契約なのですが、京極夏彦さんは、見開きで文章が完結するような形で文章を書いています。どの版でもページをまたがって文章が繋がるということはありません。そのあたりは著者が全部レイアウトをしているので、文庫版と単行本版とはテキストが違うという話を聞いています。

少し話がずれますが、先ほど私が一時期美術館に勤めていた、という話をしました。その美術館は大変古い時代の作品を所蔵していましたが、デジタル化する権利は作品を持っている美術館にあるのか、という議論がありました。学芸員ではないので詳しくは分かりませんが、一六〇〇年代とか一七〇〇年代の絵画という一点もので、世界にそこにしかないのですからデジタル化するには所蔵館が動くしかないわけです。所蔵品のデジタル化権というのはどこにあるのか。

複製された書籍を所蔵している人が自分の個人的な利用範囲でデジタル化する、いわゆる「自炊」のことは後でも触れますが、例えば、郷土資料などの一次資料を持っている図書館でどこまでそれができるのか、所蔵資料のデジタル化権がどこにあるのかという課題は「自炊」とは別にあるでしょう。

著作権

著作者が亡くなって五〇年で著作権が消失し、著作物はいわゆるパブリックドメイン（public domain：公有物）になります。これはもちろん電子書籍化やデジタル化のコンテンツも同じです。電子書籍やデジタルコンテンツにも著作権の問題があります。先ほども申し上げた、「青空文庫」のような注目すべき社会的な運動もあります。津野海太郎さんの著書も青空文庫に入っています。著作権をお持ちの津野さんは、青空文庫での作品のデジタル公開を許諾しているのだと思います。青空文庫は「著作権の切れたものに加えて、青空文庫は、著作権者が公開に同意した作品を受け入れます。あなたが書いた作品、もしくはあなたが著作権を持つ作品を開く場として、青空文庫を利用してください」とインターネットで呼びかけています。趣旨に賛同して、作品を公開する場として利用する著者の方々もいるわけです。

「青空文庫への作品収録を望まれる方へ」
http://www.aozora.gr.jp/guide/shuuroku.html

自炊

二〇一一年くらいから、書籍の奥付や扉の裏面に、従来からのコピーに対する注意書きに、スキャンやデジタル化等の複製には許可がいる、という趣旨のことが付け加えられている出版物が出てきました。コピーに加えて、勝手にデジタル化はしないでくださいというわけです。以前は、著作権の範囲以外の複製はしないでください、と書いてあったのが、現在では私的利用以外のデジタル化はできないということにアピールの中心が変わってきた。いわゆる「**自炊**」行為がどうなのか、という問題です。書籍という、もともと複製を作りやすい、再利用しやすいものを所蔵している人が、どこまでデジタル化して利用していいか、個人利用の範囲というのはどこまでか、自炊代行は適法か、というような問題です。

自炊《じすい》
電子書籍に関する自炊は、所有する書籍や雑誌をイメージスキャナーなどを使って電子データに変換する行為を指す俗語。電子化の際、データを「自ら吸い込む」ことから「自炊」と呼ばれるようになったともいう。廉価で高性能なスキャナーが販売され、書籍の電子化は容易になっているが、私的利用を超えた配布行為は著作権侵害となる。一方で、きれいにスキャンするには相応の機材と技術を要する。書籍の電子データ化を代行する業者のことを、「自炊代行」と呼ぶ。

書籍間リンク

課題という言い方が適当か分かりませんが、書籍間のリンクについてお話しします。ウェブページ上では、ハイパーリンクといって、クリックすると関連する違うサイトの情報を表示させて参照することができます。電子書籍はそれができるようになるのでしょうか。例えば、論文などで参考文献または参考サイトとしてURLが載っている場合、クリックするとその参考文献の書籍が見られるというようなことは、仕組み的には可能だと思います。参考文献として載っているものを自分（なり図書館）が所有していなければ、それとのリンクは張れないのだろうかと考えます。別の電子書籍となっている書籍（文献）が、クリック（タップ）するだけで参照というか画面に表示されれば非常に便利な機能だとは思いますが、一冊一冊の本で完結してしまうだけでは、今までの書籍と同じであり、ただ印刷書籍の代替だけであれば、電子化した書籍としての特徴を活かしていないのではないだろうかと考えます。今まで話してきたように権利関係の問題があり、一冊のみならず他の書籍とまで関連づけるなどということは、ウェブ上のハイパーリンクなどとは違って、ハードルの高さ故か議論されていない気がします。

索引／検索

これまでの印刷書籍でも一部のものには語彙索引や人名索引が巻末に付いていますが、電子書籍はコンテンツがデジタル化されているので検索機能が利用できます。検索することが容易になってきますので、さっきのリフローの問題でいうとページを示しても何の意味もなく、電子書籍には索引はつかないだろうと思います。

では、いつでも文字検索ができるから索引はいらないのか、という問題があるのではないかと、個人的には思っています。索引は、内容のある種の概要を目次と違った形で示しているもの、ということができると思います。索引という存在がすべて検索機能に置き換わるかどうかということは、ちょっと悩ましい問題です。手がかりすらない読者をどうやって導いていくのか。放り出すという言い方はちょっと乱暴かもしれませんが、デジタル化されるから、もう自分で検索して調べればいいではないか、ということで果たして済むのかどうか、というようなことを考えています。単語の検索ですべてが置き換わるわけではないと思っています。

公共図書館への導入のハードル

さて、公共図書館として、電子書籍というものが親和的なものかどうか、という話です。電子書籍はモノではないので、図書館の提供資料が電子書籍になれば切り取りがなくなる、蔵書が汚れなくなる点などは、図書館にとっては重要なメリットではないかと思います。また市場でデジタルによる復刊が盛んになり、図書館が積極的にそれをカバーできれば、利用者のメリットは大きくなる可能性があります。ただし単に画像によるデジタル化だけの場合は検索できないなど、電子化のメリットは半減します。また、電子書籍の貸出は、物理的にモノを貸すわけではないので、コンピュータが動いている限り二四時間のサービスが可能だろうとは思います。

しかし、電子書籍の時代だと今は盛り上がっているのですが、果たして公共図書館がサービスとして行いやすく、また持続的に閲覧・提供の保証ができるのかどうかというのは、先ほどから申し上げてきたようにいろいろな問題が潜んでいるのではないかと思っています。

日本の公共図書館導入はまだ始まったばかりですが、一例として、徳島市立図書館の「徳島市電子図書館」を少し見てみましょう(http://dnp-cms.d-library.jp/TOKU04/)。ここはウェブ上に「電子図書館」を立ち上げていますが、ＵＲＬにdnpとついているので、大日本印刷が絡んでいると思います。

電子書籍の貸出で、一五日間でコンテンツが読めなくなるような仕組みを作っているようです。ここで借りるためには「wBook」というビューアを、あらかじめ自分のパソコンにインストールする必要があるのですが、これはどうやらウィンドウズ専用らしいです。「徳島市電子図書館」のトップページのジャンルの一番下にiPad用というボタンがあります。お知らせのところに「iPad対応コンテンツについて」とありますが、よく見ると、貸出可能な約六五〇コンテンツのうちiPad対応コンテンツは約一五〇です。Ｍａｃユーザーがどれだけいるかという問題はもちろんあるのですが、先ほどのＯＳの問題と同じように、ある環境ではこれは利用できるがこれは利用できない、ということが現在も存在しているのです。

図書館での電子書籍のサービスは、その保証をどこまで考えればよいのか。日常業務も非常に忙しい中、誰がそれを担えるのか。誰がサポートしてくれるのか、それは業務委託であるような問題なのかどうか。電子書籍の導入・提供の前に横たわる課題は、図書館の運営体制の問題ということではないでしょう。

電子書籍は新しい魅力的なツールであり、コンテンツです。今日ご説明したような電子書籍の特性や課題は、単純な短期的な個人利用では吸収できる課題かも知れません。しかし図書館というサービスの場では、安定的な提供でなければならないし、いつでも再生できる保存でなければならない。電子書籍を資料としてどうとらえていくのか、というようなことがあるだろうと思います。

まだまだ可能性の議論でしかありませんが、本格的に動いていくことになれば、モノのやりとりがなくなることにより図書館員の役割も変化していくことでしょう。直近の課題として、電子書籍版と印刷書籍が両方あるようになった場合、図書館はどちらも用意し利用者に提供する必要に迫られる気がします。

後で読んでいただければと思い、国立国会図書館の「カレントアウェアネス」に載っていた「米国公共図書館による電子書籍貸出サービスと利用者」という、調査レポートを紹介しておきます（No.219 2012.7.26; http://current.ndl.go.jp/en/e1317）。国立国会図書館のホームページで読むことができます。

アメリカではもう既に公共図書館で電子書籍のサービスを始めて、それが盛んになっているようです。このレポートは、その現状について調べて分析したものです。公共図書館による電子書籍貸出サービスが、電子書籍端末のKindleやNookなど、そしてタブレット端末の

iPadやKindle Fireなどの普及にどのような影響を与えたかを調べたような内容です。また、米国の電子書籍の利用と読書習慣に関して、電子書籍を利用する人はどのようなフォーマットであれ本をよく読む傾向にあるとか、つまり電子書籍を読んでいる人は、本も多く読むというような話が載っています。日本がこれと同じになるかは別の話だと思いますが、参考にしてください。

紙の書籍が持つ優位性について

最後に、紙の書籍が持っている優位性、アドバンテージについて、印刷物の特徴と絡めて私の出版物と図書館についての考えをお話ししてみたいと思います。図書館で扱う、書籍をはじめとする「資料」とは何かということに通じる問いです。果たして図書館の使命は狭義の内容（コンテンツ）の提供だけなのかということでもあるかもしれません。

今日お話ししたことは、少し電子書籍のデメリットのようなことが多かったと思われるかもしれません。少し懐疑的な視点も投じてみたいという考えが強かったのは事実で、それが講演をお引き受けする条件のようなものでした。

それは単に私個人の、モノへの嗜好のためではありません。今後のデジタル化が、単に書籍だけでなくインターネット利用の増大や様々なデジタル機器の普及にも関連し、生活の中での役割が大きくなっていくことは確かだろうと思います。それに少しでも疑問を持ってみるのは意味のないことではない、と考えたからです。

電子書籍やデジタル化のメリットは言うまでもありませんし、機器や内容の商業的動向は、消費者（と括られる読者）がそれを受け入れるから浸透していっているのだと言えるでしょう。

だから単に懐古趣味的にモノとしての印刷物に偏するのではなく、それが持っている意味合いを考えることも重要ではないかと思います。媒体としての紙や書籍は、重量の多寡は別として容易に持ち運べ、コンテンツと媒体が一体というか不可分のものとして、長く利用されてきました。

電子書籍はコンテンツと媒体を切り離すことが可能になった段階とも言えます。デジタル化されることで、インターネットを通じて複製も配信も容易になり、いろいろな機器で同一の内容を読むことができるようになりました。そこではモノとしての書籍は（厳密に言えばファイルとして電子的な容量を持ちますが）存在しません。極端に言えば、書いてすぐに書籍の体裁をとって配布（配信）することができ、筆者と出版と書店（という語を使えば）が一体になることも、ＤＴＰ以上に可能な世界であります。

それに対して印刷物は、もちろん個人出版は可能ですし、プリンタを使うなど技術の進歩によって印刷も一昔前とは比べものにならないくらい簡便になりましたが、配布する（流通させる）ことはそれ程容易ではありません。

ここでは出版の意義とか出版の仕組みについて云々するつもりはありませんが、現に図書館が所蔵している紙の出版物について、それは単に電子書籍に置き換えられるものかどうかという問題を提起したいと思います。

現在、印刷物という形で読者に提供される出版物は、単に紙に刷られているというだけではなく、どのような種類の紙にどのような印刷をされ、どのような判型であるかなど、その印刷物がモノとして「内容」とは別の情報を保持していると考えます。

本文用紙だけではなくカバー（ジャケット）、表紙、見返し、扉、など多くの種類の紙が一冊の書籍には使われています。また、印刷も図版などは本文とは違った印刷をされる場合もあり、刷り色も多様で、ブックデザイナーによって、使われる活字、書体、文字の大きさ、行間、ルビの有無なども異なります。紙の大きさや、花布、しおり（スピン）、製本方式もとりどりです。また、印刷会社、製本所、製紙会社、ＤＴＰ作業者、装幀者やブックデザイナーや挿絵画家、編集者といった、本文の著者とは別の関係者が関わっています。さらに図書館でいえば装備のための品々も含まれるでしょう。

このように印刷物はいろいろな工程を経ることによって、そのモノにいろいろな材料や技術が加わっています。印刷物は、その「内容」を伝えるにあたって多面的な要素が支えており、要素の時々の現状がデジタル化以上に強く集約されているといえるのではないでしょうか。

また、これは前から言われていることでしょうが、「書籍を実際に手に取って読む」という行為が、読書の身体的記憶にもつながっているのではないかと思います。紙の手触り、書籍の重み、大きさ、などといった要素が書籍それぞれに異なり、読書の記憶はその書籍を手に持っている空間と共に存在します。それに対し、書籍それぞれに異なるのではなくデバイスによって見え方が異なるだけの電子書籍では、均一のサイズの画面によって身体性が制約されてしまう気がいたします。

読み手の視力に応じて文字の大きさを選ぶことができ、また好みの書体に変更できるといった利点は充分理解した上で、なおも印刷書籍は優位性というと大袈裟ですが、電子書籍が持ち得ない経験をもたらしてくれるもののように思えます。

終わりに——図書館への期待

以上のことから、図書館は電子書籍の可能性の理解を深め変化に対応していくだけではなく、現在ある印刷物の資料としての意味や意義も問い直していく必要があると考えます。

「多摩デポ」では、公共図書館が協働して、多摩地区の図書館で最後の一冊となった書籍を共同保存し利用に供するという活動を進めているとお聞きしています。保管場所や保存にかかる経費についての議論は大切ですが、電子書籍に置き換え可能といわれる時代になったことで、今までの印刷書籍をどうするか、今の印刷物が持っているモノの情報をどうとらえるのかといった視点も持つべきではないかというのが、私個人の思いでもあります。

図書館では資料化のために背ラベルが貼ってある、利用のために保護フィルムをかけてある、など、出版時の現物の状態とは違う点がありますが、モノの保存の視点を再度想起したいと思います。

また、出版物を軸に廻っている出版という循環の仕組みの保存という面も、あるのではないかと考えています。これは公共図書館のみが負うものではありませんが、考えるべき課題です。

多岐にわたりましたが、これで私の話は終わらせていただきたいと思います。ありがとうございました。

［付記］
二〇一三（平成二五）年に入り、電子書籍図書館推進協議会（Ebook Library Promotion Council）（http://www.bmehw.org/elpc/index.html）が発足し、七月三日にはKADOKAWAと紀伊國屋書店、講談社の三社が、公共図書館向けに電子書籍を販売する共同プロジェクトを始めることを明らかにする（日本経済新聞より）という動きが出てきている。

参考文献・サイト一覧

■津野海太郎『電子本をバカにするなかれ——書物史の第三の革命』国書刊行会 二〇一〇年一一月
■萩野正昭『電子書籍奮戦記』新潮社 二〇一〇年一一月
■植村八潮『電子出版の構図——実態のない書物の行方』印刷学会出版部 二〇一〇年九月
■「d/sign」no.18 特集：電子書籍のデザイン 太田出版 二〇一〇年一〇月
■「ず・ぼん」⑱ 特集：電子化への見取り図／震災と図書館 ポット出版 二〇一三年二月
■「日本電子出版協会（JEPA）の向かう先」（「出版ニュース」二〇一三年二月中旬号収載）
■「みすず書房45作品、電子書籍に」二〇一三年四月二三日 朝日新聞（東京本社）夕刊
■国立国会図書館 近代デジタルライブラリー http://kindai.ndl.go.jp/
■出版デジタル機構 http://www.pubridge.jp/

堀越　洋一郎（ほりこし　よういちろう）

略歴　1957年生まれ
1981年～1994年　日外アソシエーツ（株）勤務（データ処理等）
1996年～2000年　国立西洋美術館研究補佐員
2001年～2011年　武蔵野美術大学教授

現在　武蔵野美術大学（資料情報処理）、日本女子大学（博物館情報・メディア論）非常勤講師

このブックレットは、「特定非営利活動法人　共同保存図書館・多摩」主催で、2012年8月5日に調布市市民プラザあくろすを会場に行われた「第14回多摩デポ講座」の堀越洋一郎氏の講演をもとに、同氏に加筆していただいたものです。
当日の講座は、堀越氏と星俊雄氏（日外アソシエーツ）のお二人を講師に、「電子書籍よ、さようなら　凛とせよ公共図書館——印刷本の面白さを未来に残すために—」の総題で行われました。

EYE LOVE EYE

電子書籍の特性と図書館
（多摩デポブックレット　9）

2013年11月１日第１刷発行
著　者　堀越　洋一郎
発　行　特定非営利活動法人　共同保存図書館・多摩
理事長　座間　直壯
http://www.tamadepo.org
発　売　株式会社けやき出版
http://www.keyaki-s.co.jp
東京都立川市柴崎町３-９-６　高野ビル１F
TEL 042-525-9909
印　刷　株式会社 平河工業社

ISBN978-4-87751-505-8 C0037